국립민속박물관

알록달록
우리 옷

gogo! 체험학습

나는 박물관이 좋다 ❷ 알록달록 우리 옷

ⓒ오명숙 2008

1판 1쇄 2002년 1월 31일 | 개정판 1쇄 2008년 6월 24일 | 개정판 4쇄 20103년 11월 28일

글 오명숙 | 그림 김종호 | 캐릭터 김상민 | 펴낸이 강병선

책임편집 유혜인 | 편집 정혜경 | 디자인 이현정 김선미

마케팅 신정민 이연실 정소영 | 온라인 마케팅 김희숙 김상만 이원주 한수진

제작 강신은 김동욱 임현식 | 제작처 한영문화사

펴낸곳 (주)문학동네 | 출판등록 1993년 10월 22일 제406-2003-000045호

주소 413-120 경기도 파주시 회동길 210

대표전화 (031)955-8888 | 팩스 (031)955-8855 | 문의전화 (031)955-8890(마케팅) (02)3144-3235(편집)

전자우편 kids@munhak.com | 홈페이지 www.munhak.com

카페 cafe.naver.com/mhdn | 트위터 @kidsmunhak

ISBN 978-89-546-0540-3 64000 978-89-546-0223-5 (세트)

이 도서의 국립중앙도서관 출판시도서목록(CIP)은 서지정보유통지원시스템 홈페이지(http://seoji.nl.go.kr)와
국가자료공동목록시스템(http://www.nl.go.kr/kolisnet)에서 이용하실 수 있습니다.(CIP제어번호: CIP2008001771)

국립민속박물관

알록달록
우리 옷

글 오명숙 | 그림 김종호

go go!
체험학습
나는 박물관이 좋다 ②

문학동네

박물관을 재미있게 다녀올 수는 없을까?

　지금은 훌쩍 커 버린 아이들이 초등학생이던 시절, 현장학습 숙제를 도와주러 함께 박물관을 다니곤 했습니다. 이때 저의 가장 큰 고민은 바로 '박물관을 재미있게 다녀올 수는 없을까?'였습니다. 줄곧 이런 생각을 하다 보니 '새롭게보는박물관학교'와 '즐거운학교' 교사로 활동하게 되었고 이 경험들을 모아 책으로 내게 되었습니다.

　그동안 역사 교육은 연대와 정치 인물을 외우는 방식에서 크게 벗어나지 못했고 그래서인지 박물관이 학습의 공간으로 활용되지 못했습니다. 책 따로 박물관 따로였던 셈이지요. 이 책은 박물관에 갈 때 들고 가서 전시물들과 함께 보는 책입니다. 그러니까 박물관을 한번 들러 보는 것이 아니라 박물관에 가서 전시물을 꼼꼼히 들여다보며 공부할 수 있도록 도와주는 책입니다.

　하지만 박물관에 있는 여러 유물들을 한꺼번에 모두 다 꼼꼼히 볼 수는 없지요. 그래서 한 권에 한 주제만을 뽑아 집중해서 볼 수 있게 만들었습니다. 그 중 이 책은 우리의 전통 옷을 재미있게 배우는 데 초점을 맞춰 기획했습니다. '선녀와 나무꾼' 이야기를 통해 나무꾼과 선녀의 가족이 일생 동안 겪는 일들

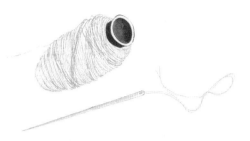

을 따라가며 아이들이 우리 옷을 자연스럽게 알아갈 수 있도록 꾸몄습니다. 여기에 학생들이 직접 연출가가 되어 보게 한 것은 스스로 보는 눈을 키워 주기 위해서입니다. 감상 활동은 지식만 가지고는 안 되는 일입니다. 자신이 어떻게 보고 느끼는지, 그것을 통해 무엇을 얻고 싶은지 나름대로의 생각이 있을 때 가능한 일입니다. 창의력과 독창성은 바로 여기서부터 발현되는 것이라고 봅니다.

또한 이 책은 초등학교 선생님들이 학생들과 박물관을 견학할 때 도움이 되도록 꾸몄습니다. 국립민속박물관의 상설 전시관을 따라가며 우리 옷에 대해 자연스럽게 배울 수 있게 구성하였습니다. 이곳에 전시되지 않은 다른 유물들은 그림이나 사진을 실어 부족한 부분을 채워 넣었습니다.

책에 안내된 상설 전시관의 관람 동선은 제1, 제2, 제3전시관의 순서가 아닌 경우도 있습니다. 학생 수가 적은 경우에는 책에 나오는 순서대로 따라가면 좋고, 학생 수가 많은 경우에는 전시관의 순서에 맞추어 책을 이용하면 좋겠습니다.

오명숙 (새롭게보는박물관학교 대표)

1 노루를 따라 이야기 속으로

1. 연출가를 찾습니다!

다음과 같은 자격을 지닌 '우리 옷' 연출가를 찾습니다.

1. 옷을 입고 있는 사람 (예 , 아니오)

2. 말을 하고 글을 읽을 줄 아는 사람 (예 , 아니오)

3. 우리 옷 이름 세 가지를 댈 수 있는 사람 (예 , 아니오)

 우리 옷 이름 세 가지를 써 보세요.

①_____ ②_____ ③_____

당신이 연출가가 되겠다고요? 그럴 줄 알았죠! 당신의 용기에 박수를 보냅니다. 자, 다음 선서에 서명해 주세요.

선　서

나 (　　　)는(은) '선녀와 나무꾼' 마을의 연출가로 길을 떠납니다.

1. 나는 마을 사람들에게, 때와 장소에 알맞은 옷과 도구를 찾아 주겠습니다.

1. 나는 옷을 만드는 사람들에게 적당한 옷감, 색, 문양을 잘 골라 주겠습니다.

1. 나는 우리 옷의 아름다움을 지키기 위해 노력하겠습니다.

년　월　일 (서명　　　　)

---

2. 한눈에 봅시다

이제 여러분은 연출가가 되었습니다. 전래 동화 '선녀와 나무꾼'을 바탕으로 꾸며 본 이야기를 따라가며 우리 옷에 대해 재미있게 배우게 될 거예요. 이야기에 나오는 등장인물들에게 알맞은 옷도 입혀 주고, 우리 옷의 이모저모를 공부해 보아요. 그럼, 시작해 볼까요?

옛날 옛날 깊고 깊은 산골에 아기 사슴 한 마리가 살고 있었어요. 쉿! 이건 비밀인데요, 이 사슴은 하늘에 오르는 비밀 통로를 알고 있어요.

어느 날 아기 사슴은 사냥꾼이 쏜 화살에 맞았어요. "아얏!" 저만치에서 쫓아오는 사냥꾼이 보이자 사슴은 뛰기 시작했어요.

아기 사슴은 이제 깊은 산 속까지 들어왔어요. 마침 커다란 문 하나가 보이네요.

"저 안에 숨으면 되겠다! 어? 문이 안 열리잖아."

그런데 문에 뭔가 씌어 있군요. 〈우리 옷 이름 세 가지를 대시오!〉

"우리 옷 세 가지? 청바지, 티셔츠, 스커트!"

그러나 문은 열리지 않았어요.

"음, 그러면…… 바지, 윗도리, 원피스!"

그래도 문이 열리지 않았어요.

"그럼, 다시…… 바지, 저고리, (   )!"

삐그덕, 드디어 문이 열렸어요. 사슴은 어디로 가야 할지 몰라, 3일 동안 이리저리 헤매고 다녔어요. 사슴이 어디를 헤매고 있는지 따라가 볼까요?

 사슴은 뭐라고 대답을 한 걸까요?

정답: 두루마기, 치마

국립민속박물관 전시실 배치도

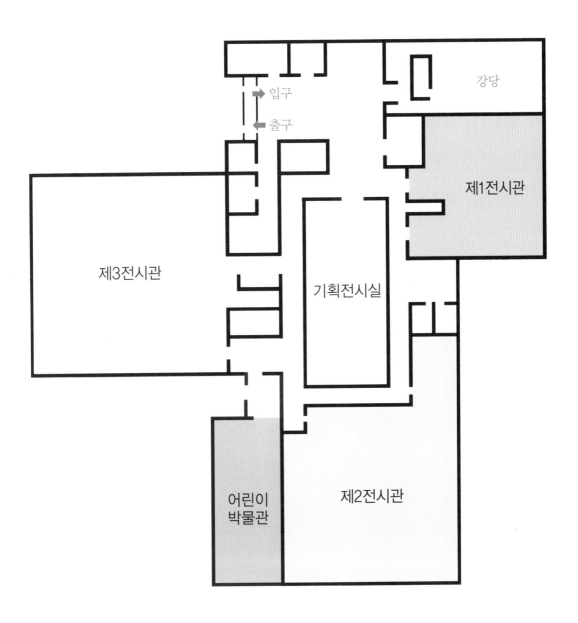

입구
출구
강당
제1전시관
제3전시관
기획전시실
어린이
박물관
제2전시관

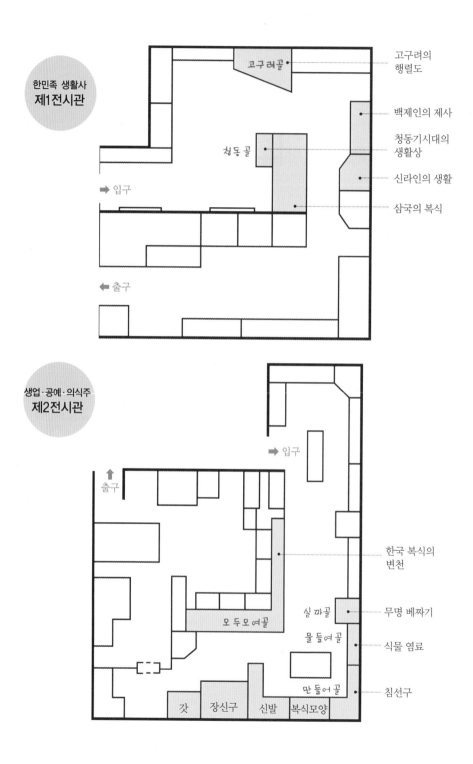

한민족 생활사
제1전시관

고구려골

고구려의
행렬도

백제인의 제사

청동기시대의
생활상

청동골

신라인의 생활

➡ 입구

삼국의 복식

⬅ 출구

생업·공예·의식주
제2전시관

➡ 입구

⬆
출구

한국 복식의
변천

실 짜골

무명 베짜기

오두오여골

물 들여 골

식물 염료

만 들어 골

침선구

갓 | 장신구 | 신발 | 복식모양

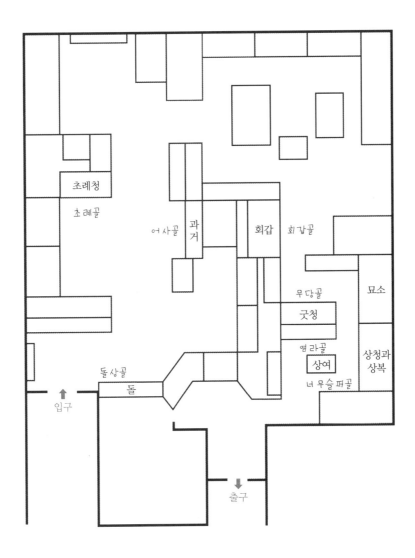

3. 청동기시대로 갈까요?

사슴은 지금, 고구려골, 실짜골, 무당골을 기웃대며 헤매고 있어요. 사슴을 구해 줄 총각 나무꾼은 여기 청동골에 있는데 말이죠. 아, 마침 저기 오는군요.

총각 나무꾼은 홀어머니를 모시고 금강산 기슭에서 살고 있었어요. 어느 가을날 나무꾼은 땔감을 준비하러 산에 올랐어요. 등에는 지게를 지고 손에는 낫을 들고요.

● 제1전시관(한민족 생활사) 청동기시대의 생활상을 보세요.

 1. 나무꾼은 어떤 옷을 입을까요? 청동골에 사는 나무꾼이 입어야 할 옷을 골라 주세요.

① ② ③

정답 1. ①

14

2. 나무꾼의 옷은 한 겹짜리 옷이라 몹시 추워 보였어요. 덜덜 떨고 있는 나무꾼을 따뜻하게 해 줄 방법은 무엇일까요?

 3. 다음 이야기의 괄호를 채워 나무꾼과 사슴의 이야기를 완성시켜 보아요.

"헉헉, 나무꾼 아저씨, 나무꾼 아저씨! 나 좀 살려 주세요. 사냥꾼이 잡으러 와요."

"아이구, 깜짝이야, 너 장난치는 거지? 그렇지? 날 놀려먹으려고."

"아니에요. 정말 아니란 말예요. 제발……."

"좋아, 그럼 내가 내는 문제를 맞추면 숨겨 주지. 우리 마을에 사는 사람들이 입는 옷은 무엇으로 만들었지? 세 번 안에 맞춰야 해. 안 그러면 장난으로 알 거야. 알았지?"

"음, 나무꾼 아저씨니까…… 나뭇잎!"

"틀렸어. 이 풀은 매우 질겨."

"풀…… 풀이라면, 강아지풀!"

"아니야. 이 풀을 삶아서 찧은 다음 엮으면 옷이 되지."

"알았다. (①)예요. 맞죠?"

"그래, 맞췄다. 어서 이리 와서 숨어라."

ⓒ 석주선기념박물관

조금 뒤에 사냥꾼이 쫓아와서 사슴 한 마리를 못 보았느냐고 물었어요. 나무꾼은 시치미를 뚝 떼고 다른 쪽을 가리켰어요. 사냥꾼이 돌아간 뒤, 나무꾼은 사슴의 엉덩이에 꽂힌 화살도 빼 주었어요. 그리고 상처 난 곳에 (②)을 풀어 매 주었어요.

정답 2. 나무꾼을 여러 겹 감싸 주어 몸을 녹인다 3. ①삼베 ②머리끈이나 옷가지

2 집안의 큰 잔치 때 입는 옷

1. 옛날 귀족의 옷이 궁금해요

"고마운 나무꾼 아저씨, 보답으로 저만 알고 있는 비밀을 알려 드릴게요."

사슴은 나무꾼에게 장가를 들었느냐고 물었어요. 나무꾼이 못 들었다고 하자, 사슴이 말했어요.

"서쪽 골짜기에 가면 맑은 연못이 있어요. 보름달이 뜨는 날 저녁에 선녀 셋이 목욕을 하러 올 거예요. 선녀들이 날개옷을 벗어 놓으면, 가장 마음에 드는 선녀의 옷을 골라 감추 세요. 옷이 없는 선녀는 하늘로 올라가지 못할 테니 그 선녀를 신부로 삼으세요. 그런데 이 것만은 꼭 기억하세요. 아이 셋을 낳을 때까지는 절대 날개옷을 보여 주지 마세요."

 ◆ 제1전시관(한민족 생활사) 삼국시대 옷 전시물을 보세요

선녀 옷은 어떻게 생겼을까요? 옛날 귀족의 옷과 비슷하지 않았을까요? 다음 고구려, 백제, 신라, 귀족의 옷을 보고 선녀 옷에 가장 어울려 보이는 옷 을 골라 색칠해 보세요.

고구려 귀족의 옷

백제 귀족의 옷   신라 귀족의 옷

삼국시대 귀족들의 옷

고구려, 백제, 신라의 귀족들은 두루마기의 깃, 소매 끝, 도련(저고리나 두루마기 자락의 끝 부분)에 선을 둘러 장식을 했어요. 두루마기는 원래 외출할 때 입었던 옷이지만 점차 실내에서도 저고리 위에 입게 되었어요. 두루마기 밑으로 보이는 치마를 볼까요? 모두 길지요? 치마는 기본 복장이기도 했지만 신분을 표현하는 수단으로도 쓰였답니다. 그래서 귀족들의 치마는 모두 길고 폭이 넓어요. 치마 끝에도 역시 선을 둘러 장식했습니다.

2. 신성한 결혼식이에요

나무꾼은 사슴이 알려 준 대로 보름날을 기다려 골짜기 연못으로 갔어요. 선녀 셋이 하늘에서 훨훨 내려와 목욕을 하고 있을 때 몰래 다가가 가장 마음에 드는 셋째 선녀의 옷을 감췄어요. 셋째 선녀는 날개옷이 없어지자 하늘로 올라갈 수 없어 엉엉 울었어요. 그때 나무꾼이 다가가 달랬어요.

"여기 이 옷이라도 입으세요. 치마와 저고리예요. 자, 어서 입으세요. 그리고 우리 집에 가서 나랑 같이 살아요."

나무꾼은 선녀와 함께 집으로 왔어요. 어머니께 인사를 드리고 얼마 후에 혼례식을 올렸지요.

 ● 제3전시관(한국인의 일생) 초례청을 보세요

나무꾼이 선녀에게 준 옷은 어느 것일까요?

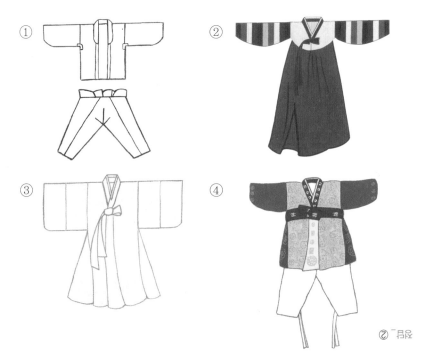

정답 ②

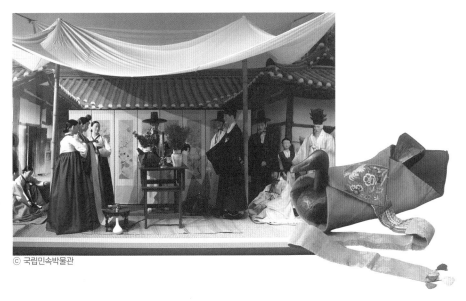

ⓒ 국립민속박물관

음과 양이 만나는 결혼

우리 조상들은 혼례를 단순히 남자와 여자가 만나는 것이 아니라, 음과 양이 만나는 신성한 의식이라고 생각했어요. 그래서 모든 의식을 정성을 다해 준비했지요. 신부를 뜻하는 음과 신랑을 뜻하는 양이 만나 우주가 이루어지듯이, 혼례를 올리는 시간도 해가 저물고 달이 뜨는 시간에 맞춰 올렸어요. 파랑과 빨강 색실도 역시 음과 양을 뜻해요. 이 두 가지를 합쳐 놓아, 결혼하는 신랑 신부의 행복을 빌었던 것이지요.

신랑은 왜 기러기를 들고 신부 집에 갈까요?

전통 혼례에는 예식 전날 신랑이 신부 집에 나무로 깎은 기러기를 가져가 바치고 절을 하는 '전안'이라는 의식이 있어요. 기러기는 암컷과 수컷의 사이가 좋아서, 짝을 잃으면 평생 홀로 살며 절개를 지킨다고 해요. 그래서 신랑은 신부에게 기러기를 전하며 서로 아끼며 행복하게 살자고 약속했던 것이지요.

사모

깃

흉배

관대

관복

화

신랑의 예복, 관복

신랑은 학 두 마리가 날아오르는 무늬의 푸른색 관복(관리들이 나라에서 일할 때 입는 옷)을 입어요. 두루마기와는 다르게, 깃이 둥그스름하지요. 머리에는 사모(검은색의 얇고 성긴 비단으로 만든 모자)를 쓰고 가슴에는 관대를 해요. 그리고 화(발목까지 올라오는 검은 가죽신)라는 신발을 신어요. 이런 복장을 사모관대라고 하는데, 조선시대 관리들이 평상복으로 입었던 옷이지요. 일반 백성들은 관리들이 입는 옷을 혼례식 날에 입어 보는 거예요.

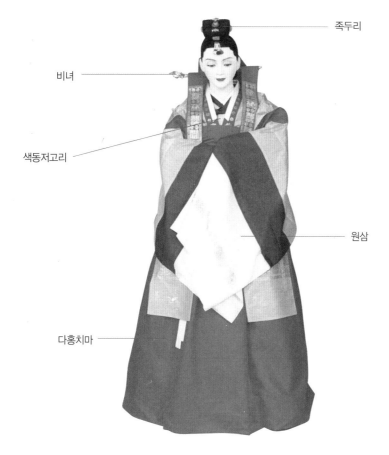

족두리

비녀

색동저고리

원삼

다홍치마

신부의 예복, 원삼

신부는 초록원삼을 입고 족두리를 써요. 연두색 길에 한삼(손을 가리기 위해 소매 끝에 길게 덧댄 흰 천)이 달린 초록원삼은 공주나 옹주가 평상복으로 입었던 옷이에요. 일반 백성들은 초록원삼이나 활옷(홍색의 길에 화려한 수를 놓은 공주의 대례복)을 혼례복으로 사용했어요. 신부는 초록원삼을 입기 전에 붉은 치마에 노랑 또는 연두 저고리를 입어요. 흙을 나타내는 노랑 저고리는 만물을 생겨나게 한다는 뜻이 있어요. 붉은 치마는 불처럼 자손과 가문이 왕성하게 일어나게 한다는 뜻을 담고 있지요.

3. 돌잔치가 열린대요.

혼례식을 치르고 나무꾼과 선녀는 늙은 어머니를 모시고 아주 행복하게 살았어요. 아이들도 낳았고요. 건강한 아들과 예쁜 딸을 쌍둥이로 얻었답니다.

어느덧 아이들은 백일을 보내고 이제 돌이 되었어요. 나무꾼 가족은 아들, 딸의 건강과 행복을 빌며 돌잔치를 열었어요.

◐ 제3전시관(한국의 일생)에서 돌 전시물을 보세요

남자 아이는 까치두루마기에 전복(깃, 소매, 섶이 없고 양옆의 아랫부분과 등솔기가 허리에서부터 끝까지 트여 있다)을 입어요. 여자 아이는 다홍치마에 색동저고리를 입고 당의(겉은 초록색이고 안은 담홍색. 앞길과 뒷길이 저고리보다 길다)를 걸쳐요. 아이들의 옷에 알록달록 오방색이 들어간 것은 음양오행설을 표현하기 위해서예요. 아이의 무병장수를 기원하는 뜻이 담겨 있지요. 남자 아이와 여자 아이 모두에게 해 주는 돌띠와 돌주머니도 있어요. 돌띠는 아기의 장수를 비는 뜻으로 길게 만들고 돌주머니는 복되고 영화로운 삶을 누리라고 福(복), 壽(수)자를 수 놓았지요.

 돌을 맞이한 남자 아이와 여자 아이가 입는 옷과 모자를 23쪽에서 찾아 번호를 써 주세요.

남자 아이 --------------------------   여자 아이 --------------------------

① 호건

ⓒ 국립민속박물관

② 굴레

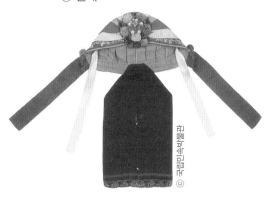

ⓒ 국립민속박물관

③ 까치두루마기

④ 색동저고리, 다홍치마

⑤ 당의

⑥ 전복

ⓒ 국립민속박물관

정답 : 남자 아이 ①③⑥ 여자 아이 ②④⑤

돌상

돌상에 무엇을 놓았을까요?

돌상에는 수수팥떡과 백설기가 기본이에요. 수수팥떡은 팥고물의 붉은색이 나쁜 액을 물리친다고 믿었기 때문이고 백설기의 흰색은 아이의 순수를 상징한다고 생각했기 때문이지요. 이 밖에도 쌀, 돈, 실타래, 국수, 대추 등을 올려 놓았어요. 실타래와 국수는 장수를, 붉은 대추는 자손 번창을, 쌀과 돈은 부자를 뜻해요. 아이가 장래에 어떤 사람이 될 것인지를 미리 점쳐 보는 돌잡이도 했어요. 돈을 잡으면 '부자로 살겠구나'하고, 붓이나 책을 잡으면 '학자가 되겠구나' 했어요.

아들과 딸의 돌상을 조금씩 달리 하기도 했는데 아들의 돌상에는 활이나 책을 올려 놓았어요. 씩씩하게 활도 잘 쏘고, 공부를 많이 해서 출세하기를 바랐기 때문이에요. 딸 앞에는 자와 실패를 놓았어요. 자나 실패를 잡으면 바느질을 잘 하게 된다고 믿었거든요. 옛날에는 가족이 입는 옷을 모두 여자들이 집에서 손수 만들었기 때문에 옷을 잘 짓는 일은 무척 중요했어요.

1. 돌잔치에 놓을 물건을 골라 보세요.

① 수리취떡   ② 곶감

③ 실타래   ④ 꽃다발

2. 다음은 돌상 위에 놓았던 물건이에요. 아들의 돌상과 딸의 돌상에 놓았던
물건을 찾아 동그라미를 쳐 보세요.

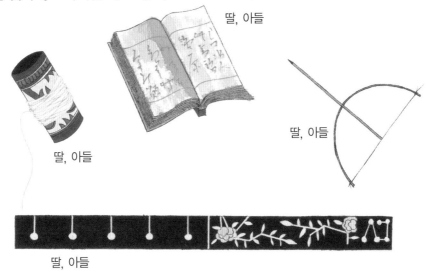

딸, 아들

딸, 아들

딸, 아들

딸, 아들

정답: 1. ③ 2. 아들-책, 활 딸-실패, 자

3 왕실에서 입는 옷

1. 종묘에서 제사를 지내요

셋째 선녀의 언니들은 조선 왕실에서 보내 온 초대장을 받았어요. 왕실에서 여는 제사에 참석해 달라는 내용이었어요. 사람들은 하늘나라에서 온 선녀들에게 제사가 어떻게 진행되는지 설명해 주었어요.

⊙ 제2전시관(생업·공예·의식주)에서 한국 복식의 변천을 보세요.

제사 지낼 때는 제복을 입어요

종묘에서 열리는 제사는 왕의 조상들에게 지내는 거예요. 귀족들은 이 제사에 참여할 때 제사 의례에 맞는 옷과 모자를 갖추는데 그것을 제복이라고 해요.

제복에는 어떤 특징이 있을까요?

1. 겉옷인 포의 색은 검다.

2. 깃은 둥글다.

3. 문무백관 (책을 읽고 글을 쓰는 문과와 군사를 거느리고 나라를 지키는 무과의 모든 벼슬아치)이 종묘(돌아가신 왕들의 혼을 모시는 제사)사직(땅과 곡식 신에게 드리는 제사)을 지낼 때 입었다.

4. 손에는 홀(벼슬아치가 옷을 갖추어 입을 때 손에 쥐는 것)을 들었다.

제복에는 반드시 제관을 썼어요. 다음 중 제복에 알맞는 관은 무엇일까요?

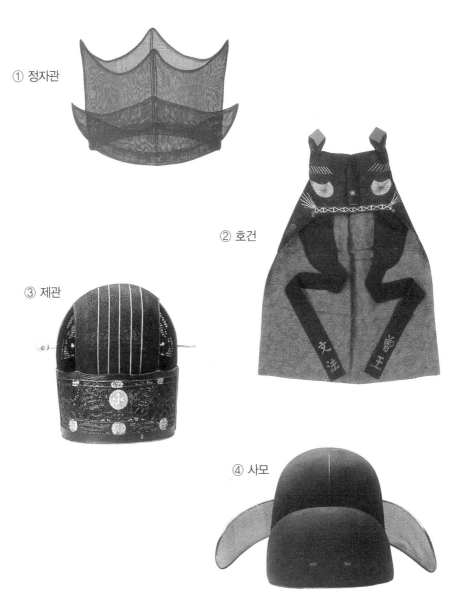

① 정자관

② 호건

③ 제관

④ 사모

정답: ③

27

종묘대제를 올려요

종묘대제는 신위(죽은 이의 영혼을 담아 신령이 의지할 자리를 만든 것)를 모시고 돌아가신 왕들에게 올리는 제사예요. 삼국시대부터 종묘는 사직단과 함께 매우 중요한 시설로 여겼어요. 사직단은 땅의 신과 곡식의 신에게 제사 드리는 단을 말하지요.

제관들은 몸과 마음을 깨끗이 한 뒤 죽은 이의 넋을 불러 향을 올리고 음악을 연주하며 음식과 술을 바쳐서 예를 다하지요.

이런 의식은 일제 강점기 때를 제외하고 현재까지 이어져 오고 있어요. 일년에 한 차례씩 지나간 왕조의 신주를 모셔 놓고 옛 격식대로 제사를 지내고 있는 곳은 세계에서 종묘가 유일해요. 이런 종묘의 문화적 가치 덕분에 1995년 세계문화유산으로 등록되었고, 2001년에는 종묘제례 및 제례악이 국내 최초로 유네스코 인류구전 및 무형유산 걸작으로 등록되었어요.

2. 옷감을 만들어요

○ 제2전시관(생업·공예·의식주)에서 무명 베 짜기를 보세요

옷감은 무엇으로 만드나요?

제사가 끝나면 왕은 궁궐로 돌아와 멋진 옷으로 갈아입고 행차를 해요. 왕이 입는 옷은 이 세상에서 가장 멋진 옷이에요. 궁궐에서 가장 솜씨 좋은 침선장이 왕의 옷을 만들어요.

옷감을 짜는 여러 가지 재료와 옷감이에요. 잘 보고 짝을 지어 주세요.

모시풀	삼	누에	목화
★	★	★	★

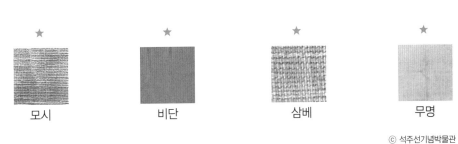

★	★	★	★
모시	비단	삼베	무명

ⓒ 석주선기념박물관

정답 목화-무명, 삼-삼베, 누에-비단, 모시풀-모시

실 뽑기 편리하게
고치를 마는 모습

물레에서 실을
감는 모습

실꾸리를 만드는 모습

무명은 어떻게 만들까요?

이 그림에 있는 사람들은 모두 여자지요? 왜 여자들만 있을까요? 옛날 여
자들에게 가장 중요한 일이 바로 실을 잣고 옷감을 짜서 옷을 만드는 '길쌈'
이었어요. 이 그림은 목화로 무명을 만드는 과정을 보여 주고 있어요. 오른쪽

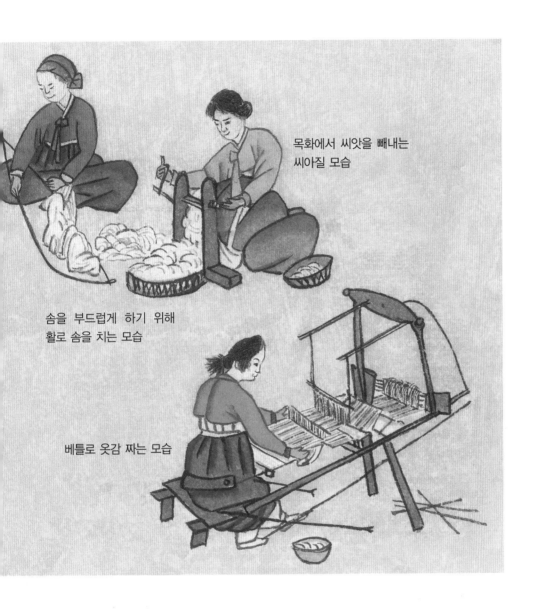

목화에서 씨앗을 빼내는
씨아질 모습

솜을 부드럽게 하기 위해
활로 솜을 치는 모습

베틀로 옷감 짜는 모습

위에서 시계 반대 방향으로 보면 씨아질하는 여인, 활로 솜을 타는 여인, 수수깡으로 고치를 마는 여인, 물레로 실을 잣는 여인, 실꾸리를 감는 노인과 베 짜는 여인이 있어요. 무명으로 만든 옷은 부드럽고 땀 흡수가 잘되며 따뜻하고 빨래하기도 쉬워요. 그래서 사계절 내내 서민들이 즐겨 입었지요.

목화로 옷감을 짜는 순서를 볼까요? 각 순서에 필요한 물건의 이름을 짝 지어 주세요.

① 목화의 씨앗을 뺀다　　★　　　　　　　　★ 베틀
② 물레로 실을 뽑는다　　★　　　　　　　　★ 바디
③ 씨실과 날실을 준비한다 ★　　　　　　　　★ 씨아
④ 베틀로 옷감을 짠다　　★　　　　　　　　★ 물레

3. 조선 왕실을 구경해요

　왕의 행차가 시작되었어요. 왕의 멋진 옷차림을 보기 위해 사람들은 길 양쪽에 서 있었어요. 드디어 음악이 울리고 왕이 나타났어요. 사람들은 왕의 멋진 옷자락을 조금이라도 더 잘 보기 위해 언덕으로 올라갔어요.

　그런데 갑자기 소낙비가 쏟아졌어요. 사람들은 어쩔 줄 몰라 나무 아래로 모여들기도 하고 초가집 처마 밑으로 들어가기도 했어요. 그런데 느긋하게 빗속을 걸어가는 사람이 있네요. 머리에 삿갓을 쓰고 어깨에 도롱이를 걸쳤군요.

비 올 때 입는 옷이 따로 있어요

　도롱이는 안쪽엔 풀을 촘촘하게 엮고 바깥은 풀을 아래로 드리워서 빗물이 겉으로만 흐르게 했어요. 이렇게 해서 비를 막아 줬던 것은 물론이고, 따뜻하게 체온도 유지시켜 줬지요.

　도롱이는 지역에 따라 도랭이, 두랭이, 둥구리, 도롱옷, 드렁이, 되렝이, 되롱이 등으로 불리기도 했어요.

정답 ① 씨아 ② 물레 ③ 바디 ④ 베틀

32

삿갓

도롱이

© 국립민속박물관

도롱이는 무엇으로 만들었을까요? 아래 그림 중에서 두 가지를 골라 보세요.

① 동물의 가죽

② 띠풀

③ 뽕나무 잎

④ 칡

정답 ②, ④

옷만 봐도 신분을 알 수 있어요.

왕은 어떤 옷을 입었을까요? 궁궐에서 입는 옷과 일반 백성들이 입는 옷은 어떻게 다를까요?

옛날에는 신분에 따라 옷의 색깔을 다르게 했어요. 그리고 가슴과 등에 새겨 넣은 무늬로 신분과 관직을 더 자세히 구분했어요. 왕과 왕의 가족들은 하늘을 나타내는 둥근 모양의 판에, 신하들은 땅을 나타내는 네모 모양의 판에 무늬를 새겨 달았어요.

 신분과 걸맞은 옷의 색깔을 짝지어 주세요.

★   ★ 평민

★   ★ 왕(평상시)

★   ★ 왕(제사시)

★   ★ 관리

정답ㄱ 빨강-왕(평상시), 파랑-관리, 검정-왕(제사시), 흰색-평민

조선시대 왕이 입었던 옷에는 용 무늬가 있어요.

왕의 옷에는 가슴과 등, 양 어깨에 '보'가 달렸어요. 왕의 보에는 구름 속 용을 수놓았는데, 반드시 발톱이 다섯 개여야 했어요. 왕비의 보는 왕의 것과 거의 같지만 산과 물 위에 있는 용을 수놓았다는 점이 달라요. 왕자와 왕손의 보에 수놓은 용은 발톱 수가 각각 4개, 3개였어요.

◐ 제2전시관(생업·공예·의식주)에서 무명 베 짜기를 보세요

 왕의 옷에 달았던 보를 찾아 보세요.

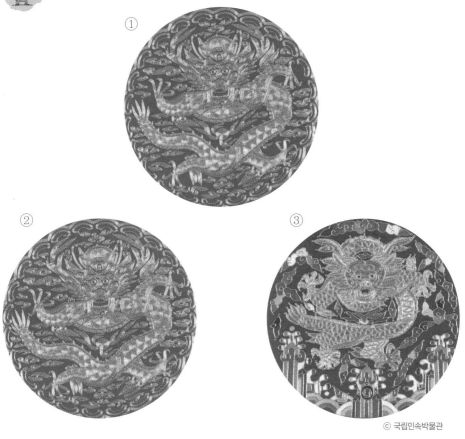

①

② ③

© 국립민속박물관

② ¯ 류왕

왕족과 신하들이 입는 옷의 가슴과 등에 다는 헝겊 조각을 흉배라고 해요. 흉배에 수놓은 동물의 종류와 수는 계급에 따라 달랐어요. 문관은 학을, 무관은 호랑이를 수놓았고, 동물의 수가 많을수록 계급이 높았어요.

© 국립민속박물관

공주, 옹주, 빈의 원삼에는 봉황 두 마리를 수놓은 흉배가 달렸어요. 녹색 비단에 마주 보는 봉황을 수놓고 그 사이에 여의주를 수놓았어요. 여러 가지 색깔의 구름이 있고, 아랫부분에는 바위와 물결 무늬도 있어요.

다음 사람들은 어떤 무늬의 흉배를 달았을까요? 관계 있는 것끼리 줄을 그어 주세요.

© 국립민속박물관

© 국립민속박물관

문관 당상관   문관 당하관   무관 당상관   무관 당하관

© 국립민속박물관

© 국립민속박물관

go go! 4 흥겨운 날에 입는 옷

1. 과거시험에 합격했어요

지난 5일 과거시험 결과가 발표되었어요. 과거에 장원급제한 사람이 고을 행차에 나섰어요. 관아에서 만든 옷을 입고 행차를 하는데 그 옷은 과거에 합격한 사람만 입을 수 있어요.

◐ 제3전시관(한국인의 일생)에서 과거 전시물을 보세요

조선시대 과거 합격증

문과와 무과시험에 합격한 사람은 '홍패'라는 합격증을 받아요. 붉은색의 증서라는 뜻을 지닌 홍패에는 성적과 등급, 이름을 기록했어요. 생원이나 진사에 합격한 사람은 하얀색의 증서인 '백패'를 받았어요.

教旨
幼學 吳長煥 文科 丙科
第 十七人 及 第 出身者
嘉慶 十年 十月 十五日

"오장환이라는 사람이 문과의
병과에서 17등으로 합격함"

1. 과거시험 합격 통지서를 만들어 보아요. 괄호 안에 들어갈 말은 무엇일까요?

합격 통지서

수험 번호 : ....

이   름 : ....

위 사람은 과거에서 '수'를 받았으므로

어사화를 꽂고 (   )을 입고

말을 타고 행차하도록 하라.

그리하여 온 고을에 이를 널리 알리고

축하받도록 하라.

과거 출제 선비

조선의 왕

자랑스러운 합격자

과거에 장원급제한 사람은 임금이 내린 어사화를 머리에 꽂고 삼 일 동안 거리 행차를 해요. 백마를 타고 자랑스러운 모습으로 나들이를 하지요. 이 때 입는 옷은 앵삼으로, 꾀꼬리처럼 열심히 책을 읽으며 공부하라는 뜻이 담겨져 있어요. 과거시험에는 남자만 응시할 수 있었답니다.

1. 과거에 합격한 사람들이 입는 옷을 앵삼이라고 합니다. 앵삼은 어떤 색깔일까요?

① 분홍색   ② 연두색   ③ 노랑색   ④ 하늘색

2. 어사화에 들어가지 않는 색깔은 무엇일까요?

① 다홍   ② 검정   ③ 노랑   ④ 연두   ⑤ 파랑

옛날에는 어떤 과정을 거쳐 과거를 볼 수 있었을까요?

지금의 초등학교와 같은 서당에서 천자문 등의 기초를 익힌 다음 4학이나 향교에 진학하여 생원, 진사가 되는 소과 시험을 보았어요. 여기에서 합격하면 성균관에 들어가는 자격을 얻어 대과인 문과(글을 읽고 쓰는 것을 평가하는 시험)를 볼 수 있었지요. 문과와 무과(활 쏘기나 말타기 같은 무술을 평가하는 시험)는 대개 양반들만 치를 수 있었어요. 잡과(외국어 시험을 보는 역과, 형법에 밝은 사람을 뽑는 율과, 의사를 뽑는 의과, 사람의 행복과 불행을 점치는 음양과)는 서얼과 중간 계층의 사람들이 보았지요. 그래서 문과 합격자는 문관으로, 무과 합격자는 무관으로, 잡과 합격자는 기술관으로 등용되었어요.

정답 1. ② 2. ④

2. 탈춤 마당이 벌어졌어요

　　장원급제한 사람이 마을을 한 바퀴 돌고 나자 마을에 축하 잔치가 열렸어요. 탈춤을 추고 노는 시간도 있었어요. 탈을 쓴 사람들은 평소와 다른 사람이 되어, 하고 싶었던 말과 행동을 보여 주었어요.

　　이때는 남자도 여자 옷을 입을 수 있고요, 노비도 양반의 옷을 입을 수가 있어요.

◉ 제3전시관 탈과 탈춤을 보세요

 탈은 네 개인데 옷은 두 벌밖에 없어요. 두 벌의 옷은 어떤 탈을 쓴 사람이 입어야 어울릴까요? 탈 번호를 써 주세요.

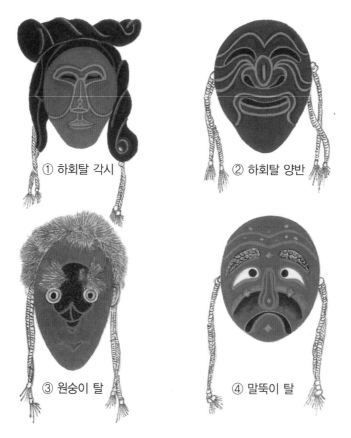

① 하회탈 각시　　　　② 하회탈 양반

③ 원숭이 탈　　　　④ 말뚝이 탈

정자관과 두루마기

삼회장저고리와 치마

3. 부모님, 오래오래 사세요

● 제3전시관(한국인의 일생) 회갑 전시물을 보세요

회갑 잔치에 초대합니다

© 국립민속박물관

나무꾼 어머니가 회갑을 맞았어요. 나무꾼과 선녀는 정성스레 회갑 잔치를 마련하고 마을 사람들을 초대했어요. 모두 어머니가 오래오래 건강하게 사시길 빌었어요.

태어나 예순 한 살이 되는 해를 회갑이라고 해요. 옛날에는 예순 한 살까지 사는 게 큰 경사였기 때문에 성대하게 회갑 잔치를 열었지요. 회갑은 환갑이라고도 하는데 자기가 태어난 해로 다시 돌아간다는 뜻으로, 새롭게 다시 태어남을 의미해요. 회갑을 맞이한 어머니의 옷은 쪽빛 치마에 흰색 저고리, 자주색 옷고름이에요. 자주색 옷고름은 결혼을 하여 아들을 낳은 여인들의 옷에 달았어요. 아버지는 흰 두루마기에 갓을 썼지요.

회갑을 맞은 어머니에게 옷을 해 드리려고 해요. 옷고름 색을 잘 보

세요. 어떤 저고리가 좋을까요?

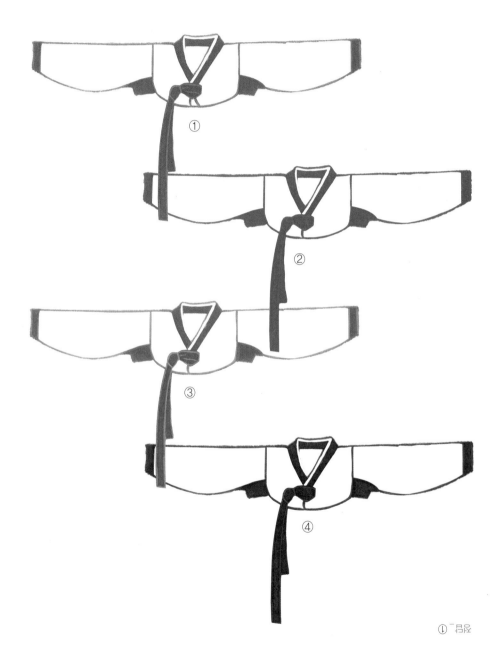

① ② ③ ④

정답 ①

부부의 회혼례

ⓒ 국립중앙박물관

회혼례는 부모님의 결혼 60주년을 기념하기 위해 친인척과 친구분들을 초
대하여 잔치를 베풀어 드리고 감사하는 마음을 전하는 의식이에요. 위의 회
혼례 그림은 당시의 모습을 자세히 보여 주지요. 초대받아 온 분들은 따로따
로 상을 받아 음식을 먹고 있네요.

문자도 병풍에 나타난 효심

문자도 병풍은 조선시대 유교에서 강조하는, 사람이 지켜야 할 여덟 가지
도리의 뜻글자를 그림으로 표현한 병풍이에요. 부모에게 효도하고, 형제간
에 우애롭고, 왕과 국가에 충성하고, 서로 믿으며, 예의 바르고, 옳은 일을
지키고, 청렴한 마음을 지니며, 부끄러움을 알아야 된다는 게 여덟 가지의
도리예요.

그 중 '효' 글자를 꾸밀 때는 잉어 그림을 자주 넣어요. 진나라 학자 왕상은 병든 계모에게 잉어를 잡아 드린 일로 유명하지요. 또한 오나라 맹종은 나이 드신 어머니의 병을 고치기 위해 눈 쌓인 대나무 숲에 들어가 뜨거운 눈물로 죽순을 살아나게 하여 그것을 캐어다 드렸다고 해요. 그런 지극한 효성을 후세 사람들이 본받기를 바라며 효를 상징하는 그림과 글자를 합해 병풍을 만든 것이지요.

ⓒ 국립민속박물관

효자도

5 삶과 죽음, 그리고 옷

1 무당을 보러 가요

나무꾼 식구들은 집 구석구석을 청소했어요. 그리고 맑은 물에 목욕을 했어요. 신을 만나기 위해 몸과 마음을 깨끗이 한 거예요. 오늘은 어머니의 병이 빨리 낫기를 바라는 굿을 하는 날이거든요.

◉ 제3전시관(한국인의 일생) 굿청을 보세요

굿청을 찾아가요

무당은 신과 통하여 신의 뜻을 사람에게 전하고 또 사람의 뜻이나 소원을 신에게 알리는 일을 해요. 옆의 무당 그림은 '무당내력' 12거리 중 4거리로, 소원 성취를 비는 '신검'의 모습이에요.

 무당이 비밀 상자를 열었어요. 상자 안에는 방울, 장구, 부채가 들어 있었어요. 그런데 있어야 할 것이 하나 빠져 있어요. 무당은 이것이 없으면 신과 이야기를 나눌 수 없어요. 무당이 잃어버린 물건이 무엇일까요? 단 한 번에 맞힌 사람에게는 행운의 부적을 드립니다.

숨은 열쇠
1) 이것은 빛을 반사한다.
2) 단군은 이것을 목에 걸었다고 한다.
3) 이것은 굿당의 뒷벽에 걸렸다.

거울 ㄴ답정

2. 상을 당했어요

너무슬퍼골에서 누군가 우는 소리가 들리는데요?

나무꾼 집에서 식구들이 "아이고, 아이고" 하며 슬피 우는 소리예요. 무슨 일일까요?
저런, 나무꾼의 어머니가 간밤에 돌아가셨대요. 마을 사람들은 삼일 동안 치를 장례식 준
비를 합니다. 나무꾼의 친척들도 불러야 하고 상복도 만들어야 해요. 사람들은 나무꾼과
아내, 아이들이 입을 옷, 그리고 돌아가신 어머니에게 입혀 드릴 옷을 만들었어요. 외아들
인 나무꾼은 돌아가신 어머니를 나타내는 오동나무 지팡이를 짚었어요.

◎ 제3전시관 상청과 상복을 보세요

1. 어머니가 돌아가시자, 나무꾼은 상복을 입었어요. 상복은 어떤
옷감으로 만들었나요?
① 무명 ② 비단 ③ 삼베 ④ 모시

2. 상복에는 돌아가신 분이 하늘나라 좋은 곳에 계시기를 바라는 뜻
으로 머리에 모자를 쓰고 (   )을 꼬아 두릅니다. 귀신을
막기 위해서 이것은 (오른쪽, 왼쪽, 양쪽) 방향으로 꼰다고 해요.
또 가슴 왼쪽에 눈물받이를 달기도 합니다.

어깨의 적
(슬픔을 어깨에 멘 것)

등의 부필
(슬픔을 등에 짊어짐)

매듭을 짓지
않은 옷자락

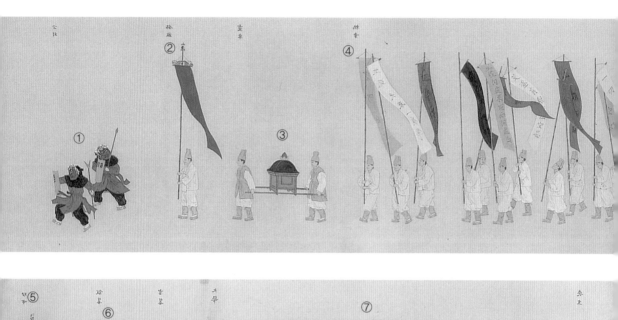

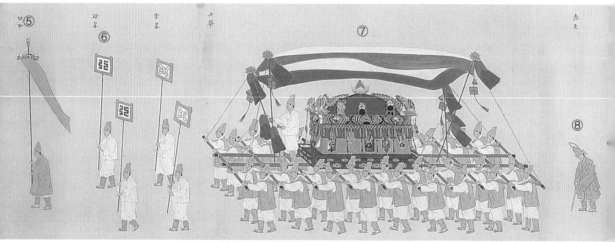

상여를 따라 어디로 갈까요?

　무덤으로 가는 행렬의 가장 앞에 선 사람은 ①방상씨 탈(상여가 나갈 때 악귀를 쫓기 위해 쓰는, 눈 네 개 달린 가면)을 쓴 사람이에요. 이 사람은 창옷을 입고 한 손에는 창을, 다른 한 손에는 방패를 들고 있어요. 그 뒤를 따르는 사람은 ②명정(고인의 관직과 이름을 적은 기)을 들고, 그 뒤에 ③영거(혼을 모신 가마)를 든

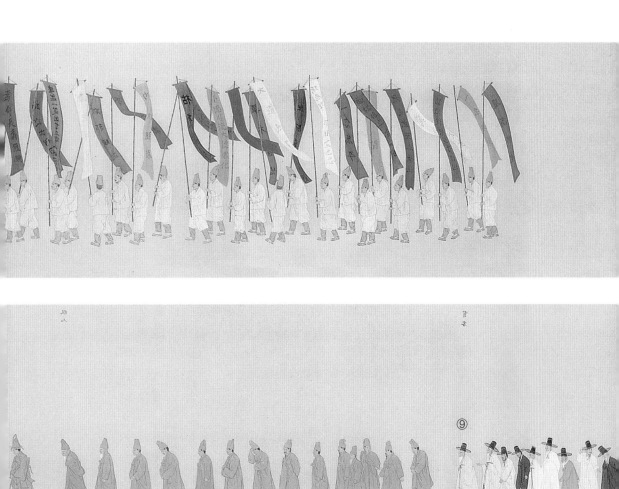

사람, ④만장(죽음을 슬퍼하여 지은 글을 비단이나 종이에 적어서 만든 깃발)을 든 사람, ⑤공포(땅에 묻기 전, 관을 닦을 때 쓰는 삼베 헝겊)를 든 사람, ⑥삽(죽은 사람의 영혼을 좋은 곳으로 인도해 달라는 염원을 담은 널빤지)을 든 사람이 따라가요.

　⑦상여가 그 뒤를 잇고, ⑧상주가 지팡이를 짚고 슬프게 곡을 하며 걸어요. 마을 어르신들과 상복을 입지 않은 친지들과 ⑨조문객이 함께 따라갑니다.

3. 죽으면 어디로 갈까요?

염라골은 죽은 어머니의 넋을 하늘로 데려가 극락왕생하도록 돕는 곳이에요. 과연 나무꾼의 어머니는 극락으로 갔을까요? 지옥으로 갔을까요? 대왕들에게 물어보아요.

◐ 제3전시관(한국인의 일생)에서 상여 전시물을 보세요.

저승의 대왕들에게 심판을 받아요

사람은 숨이 끊어지면 세 명의 저승사자에게 이끌려 열 명이나 되는 왕 앞에 가서 심판을 받아요. 살아 있는 동안 지은 죄는 벌을 받고 착한 행동은 칭찬을 받아요. 물론 벌을 받으면 지옥으로, 칭찬을 받으면 극락으로 가겠죠?

살아 있을 때 했던 일을 어떻게 알 수 있냐고요? 염라대왕 앞에 있는 '업경대'라는 거울에 비춰 보면 금방 알 수 있대요. 그리고 극락으로 갈지 지옥으로 갈지는 죽은 지 49일째 되는 날, 일곱 번째 왕인 태산대왕이 결정하는데 이날은 죽은 사람이 새로운 생명으로 태어나는 때라고 해요.

죽은 사람을 심판하는 열 명의 대왕

죽은 뒤

7일째	진광대왕	14일째	초강대왕
21일째	송제대왕	28일째	오관대왕
35일째	염라대왕	42일째	변성대왕
49일째	태산대왕	100일째	평등대왕
1주년	도시대왕	3주년	전륜대왕

시왕도 (제5염라대왕)

ⓒ 통도사

염라대왕의 심판

죽은 지 35일째가 되면 염라대왕 앞에서 심판을 받아요. 인간 세계에서 지하로 500리나 떨어진 곳에 염라대왕이 살고 있는 성이 있어요. 성곽은 일곱 겹인데, 가장 안쪽의 커다란 성은 철책으로 둘러싸여 있대요. 염라대왕은 업경대를 갖고 있어요.

사람에겐 같은 시간에 태어난 '구생신'이 있어 죽을 때까지 구생신이 늘 따라다니며 모든 행동을 기록해 둔대요. 그래서 업경대를 보면 그 사람이 살아있을 때 한 일이 모조리 나오는 거예요. 염라대왕은 죄 지은 사람을 심판하여 벌을 주고, 다시는 죄를 짓지 않게 해요.

위의 그림은 죄인을 쇠절구에 넣고 찧는다는 '대애 지옥'이에요.

6 우리 옷은 어떻게 만들까?

1. 식물들로 옷감을 물들여요

물들여골에는 옷감에 물을 들일 수 있는 식물이 많이 있어요. 이 식물들은 산과 들에 널려 있어요.

◐ 제2전시관 식물 염료를 보세요

 다음 풀들로 어떤 색을 만들 수 있을까요? 맞는 색에 O표를 해 주세요.

쪽

지치

치자

홍화

뽕잎

땅감

2. 우리 옷을 만들어요

나무꾼의 아내는 저녁이면 바느질을 해요. 식구들이 겨울에 입을 옷을 준비하느라고요. 얼마 남지 않은 설에 입을 설빔도 마련하고 있어요.

계절마다 다른 옷감을 사용해요

겨울에는 추우니까 따뜻한 옷을 만들어야겠죠? 앞에서 배웠던 것처럼 무명옷은 사계절 내내 입지만 특히 겨울에 많이 입었어요. 솜을 덧대어 입으면 정말 따뜻하니까요. 여름에는 모시와 삼베로 만든 옷을 주로 입었어요. 햇빛은 막아 주고 바람은 잘 통해 시원하거든요.

● 제2전시관 침선구를 보세요

옷은 어떤 순서로 만들까요?

필요한 물건

① 먼저 옷을 입을 사람의 치수를 재요.	자
② 옷본을 대고 옷감을 마르고,	가위
③ 옷감을 꿰매요. 바느질할 때는 골무를 껴요.	실과 바늘, 골무
④ 옷에 깃이나 고름을 달고 반듯하게 펴요.	인두
⑤ 옷이 완성되면 구김살은 잘 다려야 해요.	다리미

자, 멋진 옷이 만들어졌네요.

옷본

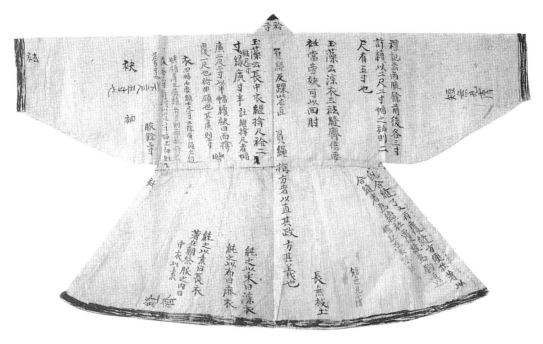

© 삼성출판박물관

옷본은 옷을 만들 때 대고 만들던 본이에요. 옷본에 씌어 있는 글씨는 옷을 만들 때 지켜야 할 규칙이에요. 옷본은 결혼할 때 신부의 필수품이었어요. 식구들이 입을 옷을 집에서 손수 만들어야 했으니까요.

옷을 만드는 기본 도구들

옷을 만들려면 일곱 명의 친구들이 서로 도와야 해요.

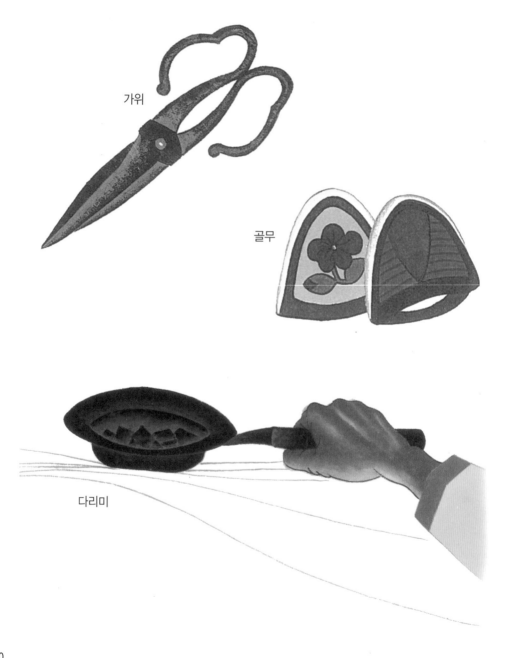

가위

골무

다리미

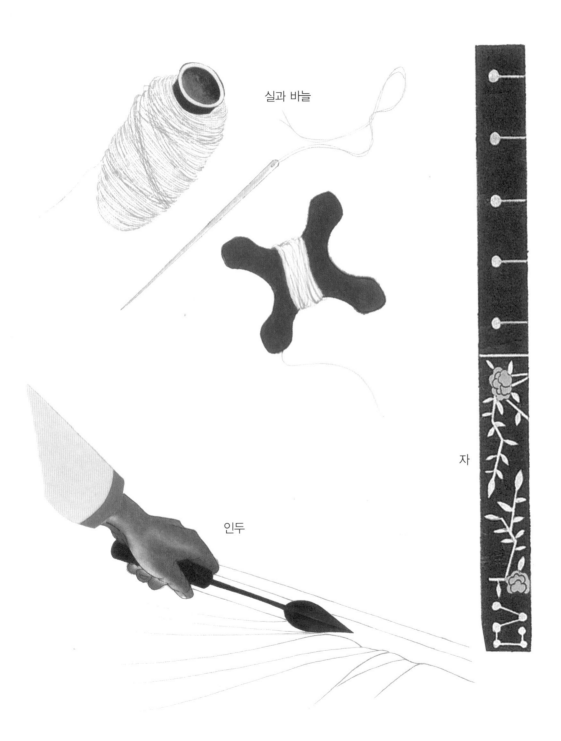

실과 바늘

자

인두

61

저고리에 대해 알아볼까요?

나무꾼에게 시집 온 선녀는 이제 바느질도 잘 하고, 옷도 아주 잘 만들어요. 선녀는 나무꾼에게 완성된 옷을 펼쳐 보이며 설명을 해요. 저고리, 두루마기, 그리고 버선이에요.

 그런데 옷의 각 부분에 붙여진 이름을 깜빡 잊었어요. 선녀가 잊어버린 이름을 찾아 주세요.

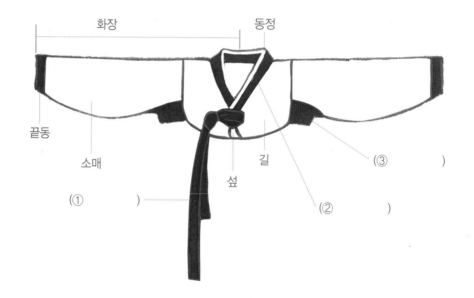

한복의 저고리는 옷감이나 자수 등을 달리하여 신분을 나타내기도 했고, 그 사람과 동일시하는 분신으로서의 의미를 갖기도 했어요.

저고리의 길이는 시대에 따라 조금씩 달라졌어요. 고려시대부터 조금씩 짧아지기 시작해서 조선시대에는 겨드랑이까지도 겨우 내려올 정도였지요. 그러다 개화기 초에 서양 의복의 영향으로 차츰 길어져 오늘날의 형태를 갖추게 되었답니다.

정답 : ① 옷고름 ② 깃 ③ 동정

62

두루마기에 대해 알아볼까요?

동정

깃

(①)

옷고름

겉섶

(②)

무

두루마기는 '두루 막혔다'는 뜻에서 나온 말로, 조선시대 말에 남자들이 입었어요. 두루마기는 포의 하나인데 포는 삼국시대부터 입었던 옷이에요. 추위를 막기 위해 입기 시작했지만 점차 치마나 바지, 저고리 위에는 반드시 포를 입어야만 예의를 갖추었다고 생각하게 되었어요. 고려시대 이전에는 옷고름 없이 허리에 띠를 묶어 입었어요.

정답 ① 소맷부리 ② 섶

옛날 사람들은 어떤 양말을 신었을까요?

옛날 사람들은 양말이 아니라 버선을 신었어요. 궁중에서는 푸른색, 붉은색, 검은색 비단으로 버선을 만들어 신었고, 관리나 평민들은 흰색 광목이나 무명으로 만들어 신었어요. 겨울에는 따뜻한 누비 버선이나 소가죽으로 만든 버선을 신기도 했어요. 수눅은 버선코에서 발등을 타고 오르는 중앙선으로, 수눅이 안쪽으로 기울어지도록 신어야 바르게 신는 거예요. 그러니까 수눅은 왼쪽 버선과 오른쪽 버선을 구별할 수 있는 선인 셈이죠.

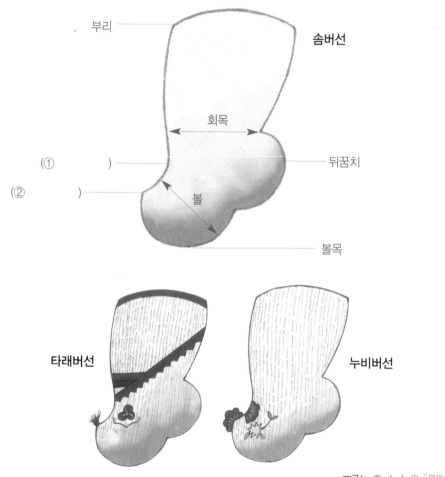

부리 — 솜버선

회목

(①   ) 뒤꿈치

(②   )

볼

볼목

타래버선   누비버선

정답 ① 수눅 ② 버선코

64

3. 우리 옷을 찾아 주세요

 1. 여러 가지 옷들이 사이좋게 널려 있네요. 다음 중 우리 나라 옛 옷을 모두 골라 주세요.

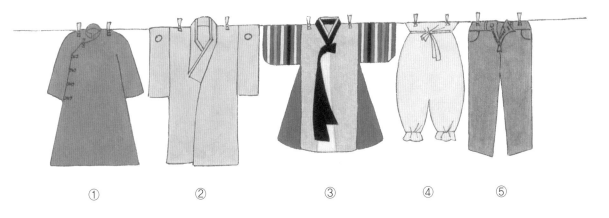

①   ②   ③   ④   ⑤

2. 우리 한복의 특징은 무엇일까요?

① 기본 형태는 바지, (   ), 저고리, 두루마기예요.

② 반드시 (   )으로 묶어요. 지퍼나 단추가 없어요.

③ 윗도리와 아랫도리 중 (윗도리 / 아랫도리)를 먼저 입어요.

④ 윗도리는 (오른쪽 / 왼쪽)으로 여며요.

4 활옷에 있는 다양한 무늬를 찾아봐요

나비야 나비야 꼭꼭 숨어라

하늘에 뜬 망태 너 잡으러 온다

망태 떴다 꼭꼭 숨어라

절수건 밑에 꼭꼭 숨어라

— 편해문 엮음, 『동무동무 씨동무』중에서

나무꾼의 아들이 나비를 잡으러 갔다가 허탕치고 왔네요. 나비는 활옷 속에 꼭꼭 숨어 버렸대요. 활옷에 그려진 모란꽃에 반한 게 아닐까요?

활옷은 원래 궁중의 예복이에요.

활옷은 조선시대 공주, 옹주의 대례복(나랏일을 하는 사람들이 중요한 의식이 있을 때 입는 옷)으로, 소매가 넓은 옷이에요. 다홍색 비단에 복되게 오래 살기를 바라는 뜻의 무늬와 행복을 기리는 수를 놓았어요. 무늬에는 나비와 모란, 연꽃, 그리고 백로 같은 새와 불로초, 산, 바위, 물결들이 있고요, 오래오래 살라는 뜻의 글자도 새겨 놓았어요.

나비는 즐거움과 부부 사이의 사랑을 뜻하고, 덩굴식물과 함께 있을 때는 오래 산다는 뜻을 갖기도 해요. 모란꽃은 부귀와 행복을, 연꽃은 생명의 잉태와 화목, 청결을 뜻해요.

활옷 속에 새겨
진 무늬를 색칠
해 보세요. 그리고 숨어
있는 나비를 찾아보세요.

박물관 관람 방법 안내

1. 한 번 방문했을 때 한 가지 주제만 봅니다.

박물관의 유물은 도서관의 책과 같습니다. 책 한 권도 읽기 어려운데 도서관의 그 많은 책을 다 읽겠다고 욕심내는 사람은 없겠지요? 박물관의 유물도 도서관의 책처럼 한 가지씩 보아야 합니다.

2. 내가 보고 싶은 것부터 찾아봅니다.

학교 숙제 때문에 박물관에 견학을 갔다 하더라도 자신이 가장 마음에 드는 것 한 가지씩은 발견할 수 있을 겁니다. 그것부터 하나씩 차근차근 알아 나간다면 그 다음에 알고 싶은 것은 더 쉽게 알아 갈 수 있습니다.

3. 박물관에 무턱대고 가지 않습니다.

박물관에 가는 목적을 분명히 해야 합니다. 가기 전에 무엇을 볼 것인지 정하고, 볼 것이 정해지면 그것과 관련된 책을 찾아보거나 인터넷에서 정보를 찾아봅니다. 사전 지식이 있으면 박물관의 유물들에서 더 많은 것을 얻을 수 있습니다.

4. 박물관을 다녀온 다음에는 더 알고 싶은 것을 찾아봅니다.

박물관은 한 번만 다녀오면 안 됩니다. 알고 싶은 것이 있으면 여러 번 다니면서 찾아야 합니다. 다녀와서 궁금한 것이 생기면 도서관과 박물관 자료실, 학예연구사를 찾아가 궁금증을 풉니다.

5. 박물관의 유물을 그려 보거나 만들어 봅니다.

박물관의 유물들을 더 자세히 알기 위한 방법은 직접 그리거나 만들어 보는 일입니다. 설명글만 읽지 말고 그리거나 만들려고 마음먹으면 더 자세히 보게 되고 얻는 것도 많아집니다.

 참고하세요

국립민속박물관에는 학교 연계교육, 방학 교육, 주말 가족교육, 기획전 연계교육 등 다양한 교육마당이 준비되어 있답니다.

홈페이지: http://www.nfm.go.kr
문의전화: 02-3704-3114

박물관에서 하는 일

옷을 어떻게 수집할까요?

오래된 무덤의 유골이 걸친 옷
이나 부처의 배 안에 넣어 둔 유
물들을 구입합니다. 또는 기증을
받기도 합니다.

보존 처리 전

수집한 옷은 어떻게 전시하나
요?

수집한 옷은 보존 처리를 하여
전시하거나 수장고에 보관합니
다. 이때 유물의 크기와 특성들을
기록하고 사진을 찍어 둡니다.

보존 처리 후

전시장에 있는 옷들은 모두 옛날 사람들이 실제 입었던 것일까요?

대부분이 그렇지 않습니다. 옛 사람들이 입었던 옷을 그대로 전시하기도
하지만, 대개 새로 만들어 전시합니다. 옛것의 모양과 크기, 색깔 등을 그대
로 살려 낸 복원품을 전시하는 것이지요. 실제 유물은 전시장에서 쉽게 손상
되기 때문입니다.

전시는 누가 준비하나요?

전시는 옷에 대해 오랫동안 공부한 전문가들이 준비합니다.

알쏭달쏭 십자말풀이

가로열쇠

2. 실이 만들어져 베틀에 올리기 전에 준비하는 가로 방향의 실

3. 솜을 피어오르게 하는 도구

5. 서민들이 가장 즐겨 입은 옷감

7. 풀 먹인 옷감을 두드리는 일

세로열쇠

1. 실이 만들어져 베틀에 올리기 전에 준비하는 세로 방향의 실

4. 신부가 혼례식 때 입는 모란꽃이 수놓인 옷

6. 귀족들이 가장 즐겨 입은 옷감

7. 옷의 구김을 펴는 뜨거운 도구

		¹날			
	²씨	실			
			³솜	⁴활	
				옷	
⁵무	⁶명				
	주	⁷다	듬	이	질
		리			
		미			

 더 알아봅시다

국립민속박물관 www.nfm.go.kr (02) 3704-3114
국립고궁박물관 www.gogung.go.kr (02) 3701-7500
롯데월드 민속박물관 www.lotteworld.com/family_museum/main.asp (02) 411-2000
한국민속촌 민속관 www.koreanfolk.co.kr (031) 288-0000
이화여자대학교 담인복식미술관 http://museum.ewha.ac.kr (02) 3277-3152
숙명여자대학교 박물관 http://museum.sookmyung.ac.kr (02) 710-9134
초전섬유박물관 www.jculture.co.kr/museum (02) 753-4075
공주 민속극박물관 http://cafe.naver.com/dolmorootown (041) 855-4933
한산모시관 www.hansanmosi.kr (041) 451-4100
석주선기념박물관 (02) 710-2186
이리자한복 (02) 734-9477
한국자수박물관 (02) 515-5116
대구 건들바우박물관 (053) 421-6676
잠사과학박물관 (031) 290-8540